DEUX
RÉDACTIONS ABRÉGÉES

DES

COUTUMES DE BEAUVAISIS

DE PHILIPPE DE BEAUMANOIR

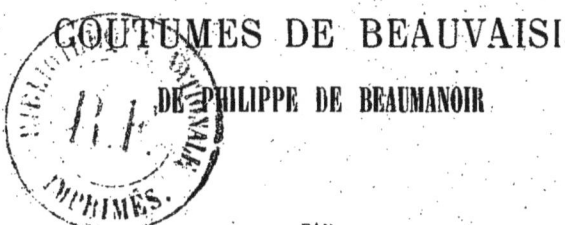

PAR

Amédée SALMON

(Extrait de la *Nouvelle Revue historique de Droit français et étranger*
Novembre-Décembre 1899.)

PARIS
LIBRAIRIE DE LA SOCIÉTÉ DU RECUEIL GÉNÉRAL DES LOIS ET DES ARRÊTS
FONDÉ PAR J.-B. SIREY, ET DU JOURNAL DU PALAIS
Ancienne Maison L. LAROSE & FORCEL
22, rue Soufflot, 22
L. LAROSE, Directeur de la Librairie

1900

DEUX RÉDACTIONS ABRÉGÉES

DES COUTUMES DE BEAUVAISIS DE PHILIPPE DE BEAUMANOIR

IMPRIMERIE
CONTANT-LAGUERRE

BAR-LE-DUC

DEUX
RÉDACTIONS ABRÉGÉES
DES
COUTUMES DE BEAUVAISIS
DE PHILIPPE DE BEAUMANOIR

PAR

Amédée **SALMON**

(Extrait de la *Nouvelle Revue historique de Droit français et étranger*
Novembre-Décembre 1899.)

PARIS
LIBRAIRIE DE LA SOCIÉTÉ DU RECUEIL GÉNÉRAL DES LOIS ET DES ARRÊTS
FONDÉ PAR J.-B. SIREY, ET DU JOURNAL DU PALAIS
Ancienne Maison **L. LAROSE & FORCEL**
22, *rue Soufflot*, 22

L. LAROSE, Directeur de la Librairie

1900

DEUX RÉDACTIONS ABRÉGÉES

DES COUTUMES DE BEAUVAISIS DE PHILIPPE DE BEAUMANOIR

On sait toute l'importance de la place que les coutumes du comté de Clermont en Beauvaisis rédigées par Philippe de Beaumanoir ont occupée dans la jurisprudence du moyen âge et il serait superflu de revenir sur un sujet déjà si amplement traité. Indépendamment des témoignages des juristes, le grand nombre des manuscrits que nous avons conservés (1) et dont la forme nous oblige à admettre l'existence entre eux et l'original d'intermédiaires qui se sont perdus (2), prouve que l'œuvre du bailli de Clermont fut extrêmement répandue jusqu'à l'époque

(1) Pour la commodité de l'exposition voici la liste complète des mss. de Beaumanoir que nous connaissons, avec l'indication de la lettre par laquelle nous désignons chacun d'eux dans notre nouvelle édition (Picard et fils éditeurs, Paris, 1899) :

A. Bibl. nat., 11652, XIIIe s.
B. Bibl. royale de Berlin, Hamilton 193, XIIIe s.
C. Bibl. nat., 4516, XIVe s. ; n° 1 de Beugnot.
D. Bibl. Nat., 5357, XVIe s. ; copie de C et n° 2 de Beugnot.
E. Bibl. du Vatican, Christine 1055, écrit en 1301.
F. Bibl. du Vatican, Ottoboni 1155, XIVe s.
G. Bibl. nat., 24059, écrit en 1443 ; n° 6 de Beugnot.
H. Bibl. nat., 18761, milieu du XIVe s. ; n° 4 de Beugnot et suivi par lui.
I. Bibl. de Carpentras, Peiresc LXIII ; copie incomplète exécutée par Peiresc d'après H.
J. Bibl. du Tribunal de Beauvais, armoire C, 4, milieu du XVe s. Ce ms. n'avait pas été signalé avant nous. Voir notre article dans la *Revue des Bibliothèques*, n° d'octobre 1898.
K. Bibl. nat., 24060, écrit en 1493 ; n° 5 de Beugnot.
L. Bibl. d'Orléans, 401, copie faite au XVIIe s. d'après K.
M. Bibl. de Troyes, 615, milieu du XIVe s., incomplet.

(2) Outre ces intermédiaires, on peut encore considérer comme perdus le ms. cité par Ducange et qui appartenait à l'Église de Paris, cote E 9 ; le ms. cité par Dom Carpentier et lui appartenant ; le ms. Chupé (La Thaumassière, *Coutumes de Beauvoisis*, avert.), etc. Voir la préface de mon édition.

de la codification des Coutumes. Trois manuscrits, G, J, K, sont du xv⁰ siècle ; un, D, est du xvi⁰ siècle : ainsi, à une époque où la coutume avait déjà été modifiée, on copiait encore et on consultait un traité dont la doctrine n'était plus exactement conforme à celle du temps. Ce qui est resté inconnu jusqu'à présent et qui mérite de retenir l'attention, c'est qu'indépendamment de ces copies complètes, il a été fait des abrégés dont il nous est parvenu deux rédactions différentes et indépendantes : l'une du xv⁰ siècle, contenue dans un manuscrit appartenant à M. Hoche, avocat à la Cour d'appel de Paris, qui a bien voulu nous le confier et à qui nous sommes heureux de témoigner ici notre reconnaissance ; l'autre dans un manuscrit du xvi⁰ siècle, appartenant à la Bibliothèque Nationale, fonds français 5358 (anc. 9850[1]).

Ces deux rédactions paraissent — cela est même certain pour la première — avoir été faites afin de faciliter les études juridiques. Elles apportent donc une contribution utile à l'histoire de l'enseignement du droit et montrent comment on comprenait le système de Beaumanoir à l'époque où elles furent rédigées. A ce double titre il est intéressant de les faire connaître avec quelques détails.

I. — *Rédaction de Rich. Cavelier, ms. de M. Hoche.*

Le ms. de M. Hoche est un volume in-4°, de 148 folios en papier, plus en tête 4 folios non numérotés où se trouve la table des chapitres avec la déclaration de Beaumanoir y relative. Les 118 premiers folios sont occupés par la rédaction abrégée des Coutumes ; les folios 119 r° à 139 v° contiennent un « stille de Chastellet » dont le texte m'a paru, du moins autant qu'une comparaison rapide m'a permis d'en juger, différent de ceux que contiennent les divers mss. de la Bibl. nat. Ensuite vient une formule « pour faire une protection et sauvegarde » rédigée au nom de Jacques d'Estouteville, « seigneur de Beynne, baron d'Ivry et de Saint-Andry en la Marche, conseiller et chambellan du roy nostre sire et garde de la pruvosté de Paris, commissaire gardien et conservateur general donné et depué de par le roy nostre dit seigneur », et à la requête de maître Jean de Haumont dit Thevenot, licencié ès-lois et maître ès-arts, « escollier estudiant a

Paris en la faculté du decret sous venerable et scientifique personne maistre Robert Tulleu, docteur en droit ». Le ms. se poursuit (f° 140 v°-148 r°) par l'ordonnance rendue le 28 févr. 1435 par Charles VII sur le fait des aides (1). Le folio 148 r° se termine par un quatrain et un tercet en latin et un quatrain en français contenant ces lieux communs de morale qu'on retrouve sous des formes analogues dans tant de manuscrits. En 1587, le nôtre appartenait à Charles Delacre, notaire apostolique et procureur en cour d'église, demeurant à Beauvais. Il passa plus tard dans les mains de M. Bucquet de Bracheux, érudit beauvaisien de la fin du xviii° siècle, qui a écrit sur le verso de la première feuille de garde « conservation Bucquet ». Cet érudit était également possesseur du ms. B, aujourd'hui à Berlin, que M. Blondel a décrit dans la *Nouvelle Revue historique de droit français et étranger*, t. VII, p. 211-222, et d'un exemplaire de l'édition des *Coutumes* donnée par La Thaumassière, exemplaire sur lequel il avait commencé une collation du texte de La Thaumassière avec le manuscrit de Berlin et celui de Beauvais et qui est aujourd'hui dans ma bibliothèque. Le *Style du Châtelet*, la sauvegarde, l'ordonnance et les petites pièces de vers sont d'une même écriture qui ne doit pas être celle de l'auteur de la rédaction abrégée; elle paraît plus anguleuse que celle-ci, plus serrée; il n'y a cependant pas une grande différence, sauf dans les abréviations plus nombreuses que dans la première partie et souvent d'une autre forme; l'encre est aussi plus pâle. Ce doit être le même personnage qui a annoté dans des manchettes l'œuvre de Richard Cavelier et corrigé çà et là quelques passages. Pour en finir avec ces indications matérielles, disons que Charles Delacre a rectifié en plusieurs endroits la table des matières et y a indiqué les folios des chapitres.

L'auteur de la rédaction abrégée, Richard Cavelier, était bailli de l'église Saint-Lucien de Beauvais. Il la composa et l'écrivit entièrement de sa propre main, ce qu'il témoigne par l'apposition de son « seing manuel », et la termina le 23 juillet 1493, le lendemain du jour où Jehan Boullard, prêtre, achevait au même Beauvais pour *venerabili Johanni de Mercade quon-*

---

(1) Voyez *Recueil des Ordonnances*, t. XII, p. 211.

dam maiori civitatis alme Belvacensis la copie de l'œuvre complète de Beaumanoir qui est aujourd'hui le ms. Bibl. nat. fr. 24060 (K). Il nous apprend en ces termes pourquoi il a cru devoir se livrer à ce travail :

(F° 1 r°). En cest livre est contenu en abregié partie de la substance des usages et coustumes de la conté de Clermont et pays de Beauvoisins, extrait du livre nommé Beaumanoir eu quel lesdits usages et coustumes sont plus au lonc et a plain contenus et declairees. Mais par fourme et par maniere de passe-temps et pour abreviacions de prolixion de langage, et aussi pour l'introduction et instruction des joines gens advenir, chelui qui cedit abregié a fait en a prins aucuns paraffes sur chascun des chappitrez contenus audit Beaumanoir, suppliant a cheulx qui cy après verront ce dit abregié que, se le facteur y a aucune chose obmis, il leur plaise y mettre addicion et amendement sans lui donner blasme, ou y mettre correction et diminucion se mestier en est. Car impossible chose est a ung seul entendement de comprendre tous les entendemens advenir, encore consideré que memore d'omme est labille et *etiam pluribus intentis minor est ad singulum sensus*. Mais ce non obstant, le moins mal qu'il pourra, en brie parlera d'aucune partie de la substance contenu es chapitres dudit livre comme dessus est dit. Et premierement de l'office du bailli.

Le bailli de Saint-Lucien a raison de réclamer l'indulgence pour ses omissions : elles sont nombreuses. Il ne se contente pas d'omettre des paragraphes; il saute des chapitres entiers, quoiqu'ils soient indiqués exactement dans sa table. C'est ainsi qu'il a passé le prologue, le chap. X (pouvoirs judiciaires du comte de Clermont), le chap. XXII (1) (compagnies d'héritage); le chap. LIX (des guerres) est réduit à un paragraphe mis sans titre à la suite du chap. LVIII; le chap. LXIV (des présentations en plaids de gages) et la conclusion sont également omis. Les libertés que l'abréviateur a prises avec son original sont aussi grandes : par-ci par-là il reproduit presque textuellement son texte, mais le plus souvent il abrège sans méthode et ne parait pas avoir eu beaucoup d'esprit de suite, sauf dans la suppression systématique (2) des exemples rapportés par Beaumanoir. On ne peut cependant pas dire qu'il

(1) Au folio 46 r°, on lit : *Des compagnies comment ilz se font xxj° chapp. et xxij*, mais il n'est nullement question du XXII° chapitre.
(2) A l'exception d'un cas ou deux, ainsi pour le bourgeois de Clermont qui avait frappé un homme en pleine assise (ch. XXX, § 843 de mon édition).

ait en général mal compris, car il semble que là où il est fautif, on peut presque toujours faire remonter l'erreur à son original. De place à autre il ajoute des réflexions personnelles : Ainsi fol. 48 v° (ch. XXIII), il informe que la coutume du pays de Caux en Normandie ne considère pas le blé semé comme meuble (Voy. § 673 de mon édit.). Au chap. XXV (des chemins), à propos de la cinquième sorte de chemins (§ 719), il dit (f° 55 v°) que « a present aucuns l'apellent la chaussee Brunehault » (1). Au chapitre XXIV, à propos du surcens, il intercale la réflexion suivante (entre les §§ 704 et 705) :

Il y a usage au bailliage d'Amiens que nulle rente ypotecque[e] n'y a lieu ne nul n'y est tenu garantir s'il ne lui plaist, et la raison y est bonne, c'est que a cause des rentes qui pourroient estre souffertes estre sur aucuns heritages, souventes fois advendroit que lesd. heritages en pourroient demourer inutill (*sic*), par quoi le seigneur de qui ilz sont tenus en pourroient estre prejudiciéz en diverses manieres.

Quelques courts extraits permettront d'apprécier la manière de notre auteur, s'il est permis de l'appeler ainsi, dans les endroits où il abrège le plus :

(Chap. I, § 12-22, des vertus nécessaires au bailli).

(F° 1 r°) Ung bailli doibt estre discret et prudent en tous ses fais et opperacions, en telle maniere que par sa discretion et prudence il doibt reluire sur ceulx qu'il a a gouverner et qui a lui sont submis, ainsi comme fait la planette du chiel qui reluit et enlumine au dessus des estoillez. — (f° 1 v°) Item ung bailli doit estre honneste et vertueux en tous ses fais et parollez en telle maniere qu'il puist estre appellé et reputé pour personne noble, *quia moribus et vita nobilitatur homo*. Et bien se garde chelui qui est bailli qu'il ne soit trop familier avecques ses subgetz, car *nymia familiaritas parit contemptum et ira inperit animam ne possit cernere verum*. — Item ung bailli doibt avoir en soy proesse et magnanimité a reprendre et corriger aspremant cheux qui sont soubs lui a corrigier des maulx et vices qu'ilz offensent et commettent. Mais bien se gard d'estre enteché des vices dont il reprent autrui, *quia turpe est doctori cum culpa redarguit ipsum*. — Item et combien que la loy permette pugnir les crimes et delitz et que justice se fache pour donner terreur et cremeur aux mauvais et aux pervers pour refrener leurs mauvais et inimicques courages, ce

---

(1) Voyez Nicolas Bergier, *Histoire des grands chemins de l'Empire romain*, éd. 1728, t. I, p. 98 seq.

nonobstant misericorde doit tousjours prefferer a rigueur de justice, combien que je ne veul pas dire que justice ne se doibve faire de ceulx qui l'ont deservi. Mais *justicia sine misericordia crudelitas est et etiam misericordia sine justicia pusilanimitas est*. — Item ung bailli qui est juge doit estre plain de promptitude et d'entendement a tost comprendre et entendre ce qui est dit et proposé par devant lui. Mais bien se garde de tost jugier, qu'il ne soit dit (f° 2 r°) de lui ainsi que souvantes fois l'en dist en commun proverbe : de fol juge briefve sentence. — Item il doit ouyr gracieusement et benignement les parties qui plaident par devant lui ainsi qu'il est escript : *audi partem et recte judica ;* et puis des parolles proposees et rendues rendre loial jugement affin qu'il soit dit estre homme de justice, car justice *est reddere unicuique quod suum est*. — Item bien se gard chelui qui est bailli qu'il ne soit subcombé et decheu du peché de convoitise dont maint homme a esté decheu et villainé par corrupcion et en a perdu son bon renom, quelle chose fait fort a blasmer, en especial a homme de telle auctorité comme bailli qui est juge superiore, et auquel l'on doit avoir recours pour bonne justice sans faveur. Et pour ce il doit estre constant et ferme et resister a l'encontre des temptacions de cest mortel monde qui ont si poy de duree, car en cœur convoiteux ne se peut loiauté herberger. *Et ideo quidquid agatur sapienter agas. Respice finem.* — Item de rechief bien se gard ledit bailli qu'il ne soit abusé de presumpcion et vaine glore, tellement que par son sens (?) acquis, ou pour les richesses de ce monde, ou pour ses aliances d'amys, quelles choses sont transsitores en petit de temps, il ne perde l'amour et congnoissance de son Dieu, mais prengne garde a ce qui est dit en la sainte euvangile ou (f° 2 v°) il dit *nolite thesaurizare thesauros qui sunt in terris*, lesquelles parolles s'entendent tant en avoir de pecune comme d'amys, et pour ce ne se fault pas tant presumer pouoir ne valloir que l'en en oublie Dieu son createur a honnourer et a servir et sur toutes choses doubter et cremir et aussi sainte Eglise.

(Ch. V, § 183-184, des avocats).

(F° 8 r°) Ung homme qui se merlle de l'estat d'avocat doit estre froit et atrempé et fault qu'il sache souffrir et escouter sans soy courchier, car l'homme courchié pert souvent son propos. Si lui est mestiers qu'il escoute et retiengne bien ce qui est dit contre lui affin qu'il y puist bien respondre. — Qui plaide une matiere ou fait aucun autre conte, il ne doit point estre prolix, mais doit dire en brief son fait substantif et qu'il n'y oublie rien qui touche a sa dite matiere.

(Ch. XXVIII, § 793-800, des roncins de service).

(F° 59 v°) Qui tient nobles fiefz, il doit pour chascun fief ung ronchin de service ou .lx. s. par an. — Se le seigneur prent le fief son vassal sans le jugement de ses pers, il en sera resaisi s'il le requiert avant qu'il (f° 60 r°) responde audit seigneur. — Se ung vassal a une fois servy a son seigneur de ronchin, plus n'en sera tenu de servir en sa vie. — Nulz ne puet abregier fief sans l'octroy du souverain et se fait est, il pert le fief et .lx. s. d'amende. — Se aucun abrege fief sans le gré de son seigneur il pert l'ommage et si rend le dommage a cellui a qui il l'abreja. — Cheux qui tiennent en baronnie n'ont point de ronchin de service pour ce qu'ilz peuent prendre les corps armés et montés toutes les fois qu'ils en ont mestier·

Un chapitre des plus intéressants pour la déformation qu'il a subie est le chapitre XLVIII, où Beaumanoir traite de l'acquisition des fiefs nobles par les « hommes de poosté » en s'appuyant sur un établissement qui est sans doute l'ordonnance rendue par Philippe le Hardi en 1275 (1) :

(F° 92 v°) Nul n'est gentil homme s'il n'est filz de gentil homme supposé que la mere soit gentil fame. — Nul serf ou serfve ne puet tenir fief noble s'il ne lui vient par succession de antiquité en paravant de l'establissement le roy. — Homme de poosté qui demeure en franc fief puet et doit jouyr et user de toutes les franchises et libertés appartenant audit fief. — Quant ung homme fait hommage a son seigneur, il doit estre a genoulz et mettre ses deulz mains dedans les mains de son seigneur, estant deschaint, la teste nue, et puis lui jurer et prometre qu'il le servira loiaument envers tous et contre tous, saufve la souveraineté du roy notre sire. — Tout homme, soit gentil ou autre, tenant noble fief, soit par eschaete ou par aquisicion, se doit presenter a faire hommage a son seigneur en dedens .xl. jours du jour que ledit fief lui sera escheu ou qu'il en ara la saisine, ou autrement le seigneur pourra saisir ledit fief et en lever les yessues. — Tout homme de poosté peut tenir fief noble quant il lui vient de ligne colateral comme le plus proche. Et si fait il par acquisicion, car l'intention de l'establissement n'est pas tel que nul perde son droit de l'eritage qui lui doit venir par raison de lingnage.

Sur quel manuscrit Rich. Cavelier a-t-il fait son abrégé? Ce manuscrit est-il un de ceux dont j'ai donné la liste plus haut? Est-il perdu, et s'il est perdu, est-il possible, sinon de le reconstituer en entier, au moins de se rendre compte de son état? Cette constatation faite, appartient-il à l'une des deux

---

(1) Cf. Glasson, *Histoire du droit et des institutions de la France*, t. V, p. 13, note 1.

grandes familles entre lesquelles se répartissent les manuscrits complets conservés ?

La solution de ces questions était d'une grande importance pour l'établissement d'une édition critique des Coutumes, non seulement dans les passages où Cavelier a transcrit à peu près intégralement son texte, mais en raison même de la part d'interprétation personnelle qu'il a introduite dans sa rédaction, interprétation qui, dans les cas assez fréquents où chacune des deux familles (A B C D E (1) F d'une part, famille α ; G H I J K L M de l'autre, famille β) a une leçon particulière, aurait pu parfois permettre de retrouver la pensée de Beaumanoir, surtout si l'on arrivait à prouver que l'abrégé appartenait à une troisième famille. Ce n'est pas ici le lieu d'entrer dans le détail des recherches et des comparaisons que j'ai dû faire : on les trouvera dans mon introduction (2). Je dirai seulement qu'un examen que j'espère avoir été suffisamment minutieux, m'a conduit à admettre que le ms. Hoche a été exécuté d'après un manuscrit copié sur le même intermédiaire perdu qui a servi au scribe de C. Dans ces conditions, ce manuscrit ne pouvait plus être d'un grand secours pour la critique des textes ; toutefois il servait à corroborer ce qu'indiquait l'étude interne de C, à savoir que celui-ci, isolé dans la famille α, n'avait pas été copié directement sur le prototype de cette famille. Mais en lui-même le ms. Hoche présente par sa date et par sa nature un réel intérêt, et la publication complète en serait utile, car dans les modifications de son texte le juriste pourra sans doute suivre les modifications mêmes de la coutume à travers deux siècles.

II. — *Rédaction abrégée anonyme.*

Le ms. Bibl. nat. 5358 (anc. 9850[1]) qui contient cette rédaction est celui auquel le comte Beugnot a donné le numéro 3, et dont il ne paraît pas avoir reconnu le véritable état puis-

---

(1) En réalité E est un ms. « de mélange ». Pour la plus grande partie il appartient à la famille α ; en certains passages il dérive de β. Les copistes qui ont travaillé sous la direction de Durand le Normand, clerc de la chaussée de Picquigny, ont eu à leur disposition deux manuscrits d'origine différente.

(2) Deux faits seulement : au chap. XXX (§ 390) Beaumanoir dit que pour le méfait de la femme le seigneur n'emporte pas la part des meubles de celle-ci, mais seulement sa part des immeubles. C a supprimé la négative, ce

qu'il le met au nombre de ceux dont le texte est intégral. C'est un volume in-4° sur papier de 143 folios qui ont été paginés il y a peu d'années par les soins de l'administration de la Bibliothèque. Aucune indication ne permet de trouver le nom de l'auteur ou du copiste. A la fin de la table, f° 5 r°, on lit : « fin de ceste presente table, Guillaume Vault (?) Heron »; ces mots, écrits au xvi° siècle, sont d'une autre main que le texte. Il en est de même de la mention quatre fois répétée au f° 143 v° : « Comme nostre amé Jehan Lienart (ou Lyeonart), bailli d'Aucerre... », et de quelques autres notes illisibles sur ce folio. Aucune indication non plus sur les possesseurs successifs avant Colbert. D'après la forme de l'écriture et certaines particularités de graphie, on peut seulement conjecturer que ce manuscrit a été exécuté dans l'Ile-de-France. Peut-être peut-on induire de quelques bourdons et de diverses autres fautes, dont on trouvera des exemples dans les extraits donnés, qu'il est une réplique d'un autre manuscrit qui serait un brouillon original. L'abréviateur a supprimé le prologue de Beaumanoir, sans, comme Rich. Cavelier, le remplacer par une introduction personnelle, en sorte que nous ignorons par quels motifs il a été guidé. Il a fait son travail sans grande méthode ; beaucoup de paragraphes sont omis sans qu'on en voie la raison, ainsi les §§ 29 à 37, 140 (1), 322, 610, 614-615, 935-936 et bien d'autres (2). Il y a plusieurs contre-sens, dus à l'ignorance où il était d'expressions tombées en désuétude à son époque (3). Quelques paragraphes sont

---

qui donne une leçon absurde reproduite par Cavelier. Au chapitre XXVI, C et Cavelier donnent également le titre du chapitre XXXVI ; toutefois Cavelier s'est ensuite aperçu de l'erreur, car il a ajouté au-dessous : *et de mesure*.

(1) Cependant il annonce au paragraphe précédent que « vous oirrés la teneur d'une procuracion en françois general... »

(2) La fin du ch. IX, le ch. X entier et le commencement du ch. XI manquent, mais cela tient à ce que le relieur a perdu ou à ce qu'on a arraché depuis les quatre ou huit pages du milieu du cahier qui contenaient ces passages, le folio 34 v° se terminant à la première ligne du § 293 « Touteffois que les tesmoingz sont examinéz et on leur a... », et le f° 35 r° commençant au milieu du § 312 : «... il ne les vieut croire, ains se vieult tenir. »

(3) Voyez par exemple *maistres* pour *maiestires* dans l'extrait ci-après du § 184. D'autres contre-sens proviennent d'erreurs de lecture, au § 719, *de terres, grans montaignes...* pour *de tres grans montaignes...*, etc.

intervertis, ainsi 247 et 248; le § 474 est reporté à la fin du chap. XIV. Ce manuscrit appartient à la famille β et dérive de G ou d'un manuscrit qui en était très proche. Pas plus que le précédent, il n'était donc très utile pour la reconstitution du texte original de Beaumanoir.

Afin de faciliter la comparaison des deux rédactions abrégées, je choisis les mêmes passages que pour Rich. Cavelier.

(Ch. I, § 12-22, des vertus nécessaires au bailli).

(F° 5 v°) Le baillif qui vieult estre leaulx baillif doit avoir en soy dix vertuz desquelles l'une est et doit estre dame et maistresse : c'est sapience qui vault autant comme d'estre saiges. Et est sapience la premiere vertuz que le baillif doit avoir tousjours en soy. — La seconde vertuz est qu'il doit amer Dieu de son povoir, de tout son cuer et de toute sa pensee, et pour l'amour de Dieu sainte Esglise, est (1) de telle amour si comme le filz doit amer le pere, quar de lui amer et servir nous viennent tous les biens que nous avons, et cilz n'a pas sapience en soy qui, par dessus toutes choses n'ottroye du tout son cuer a l'amer. — La tierce vertuz est que il doit estre doulx et debonnaire, sans felonnie et sanz rancune ; non pas debonnaires aux felons et aux crueulx, ne a ceulx qui font les meffais car a teulx gens doit l'en moustrer samblent de felonnie et de cruaulté et de force de justice pour leur malice estre meindre. Car tout ainssy comme le mires qui le malade, pour pitié de sa maladie, laisse a ateindre bien la playe de laquelle il le doit garir, le mect en peril de mort, et ne puet plus grant bien estre ung pour ung que de essarter les maulvaiz, les dessevrer et mettre hors des bons par justice. Et ce que nous avons dit qu'il doit estre debonnaires nous entendons a ceulx qui bien veulent et au commun peupple et es cas qui adviennent par meschance et non par malice. Et quant le bailli est fel et crueulx a tous, il advient souvent que (f° 6 r°) les simples gens qui ont bonnes querelles et leaulx, les laissent perdre pour ce qu'ilz ne les osent maintenir par devant telz baillifs pour leur felonnie et pour doubte de plus perdre. La quarte vertuz est qu'il doit estre souffrans et escoutans sans soy couroucier et sans mouvoir de riens... (*le reste est sans différence importante avec l'original*).

(Ch. V, § 183-184, des avocats).

(F° 21 v°) Mestier est a l'advocat qu'il soit souffrant et bien escoutant sans courroux, car l'omme courroucié pert ligerement son pro-

---

(1) Il y a là un bourdon ; on pourrait peut-être corriger : *c'est*.

pous, si lui est mestiers que senz courroux entende par serement (1) ce qui est dit contre lui pour le mieux retenir en sa memoire. — Beaulx maistres est l'advocat de compter et dire en brief langaige son fait, mais que toute la querelle senz riens laisser ny oublier y soit comprise. Car memoire d'omme retient plus ligerement pou de paroles que moult, et si aggree moult au juge, car grant empeschement est aux juges qui reçoivent paroles qui ne sont rien a la querelle, car ilz convient qu'ilz aient la pene de prandre celles qui sont au fait pour mieulx jugier et laisser les autres pour oyseuses.

(Ch. XXVIII, § 793-800, des roncins de service).

(F° 65 v°) Quant j'ay servi mon seigneur de roncin duquel il s'est tenuz a paiéz et lequel il a tenu .xl. jours sans renvoyer, je suys et doy estre quittez du service a tous les jours de ma vie, ne ne suys tenuz puis illecques en avant avec mon seigneur en sa guerre ne en sa maison pour la deffendre se je ne vueil, mais je ne doy pas pour cecy laissier a aller a ses semonces et a ses jugemens. — Le roy ne ceulx qui tiennent en baronnie ne doivent lever nul roncin de service pour ce qu'ilz pevent prandre les corps arméz et montéz toutesfois qu'ilz en ont mestier. — Se mon seigneur a prins de moy ung roncin de service et il ait tenu .xl. jours continuéz sans le moy renvoyer, je suis quitte de mon service. Et se il le me renvoye dedans les .xl. jours sain de tous membres, je ne le puis reffuser que je ne le preigne, et seray de rechief son redevant d'un roncin de service, maiz se je l'ay servi de roncin sain et il l'a affolé tant comme il le tient, et puis le me renvoye, je ne suis pas tenuz que je le repreigne, ainsy en doy estre quitte. — Cy fini le chapitre comment l'on doit servir son seigneur de roncin.

L'abréviateur du ms. Bibl. Nat. 5358 a fortement élagué le chapitre XLVIII si maltraité par Rich. Cavelier, mais ce qu'il en a gardé est à peu près conforme à l'original. Je remplace ce passage par le chapitre XXVI, réduit de 18 paragraphes à quatre choisis, à ce qu'il semble, parmi les plus courts.

(Ch. XXVI, § 743-760, des mesures et des poids).

(F° 62 v°) Quiconques mesure a faulse mesure et il en est atainz, la mesure doit estre arsse et le dommaige renduz a tous ceulx qui pourront prouver qu'il auront eu par la mesure. Et se il est gentilz homz l'amende est de .lx. livres. — Chascun (f° 63 r°) par la coustume doit avoir mesure, maiz qu'elle soit juste selon la coustume du

(1) Peut-être pourrait-on lire : *parfetement*, mais l'abréviation n'est pas claire.

lieu ou il en vouldra user. — Quant aucun doit livrer heritaige a autruy par mesure jusques a certain nombre de mesure, par vente ou par don, ou par aultre tiltre, il le doit livrer a la mesure du lieu la ou le heritaige sciet qui doit estre mesuréz, tout soit ce que les marchans (1) ou la convenance fu fete en tel lieu ou la mesure couroit plus grande ou plus petite. Non pourtant quant (2) elle est rapportee a la mesure du lieu la ou le heritaige sciet se convenance ne le tost, car se l'en convenance a fere greigneur mesure que la coustume du lieu ne donne, la coustume ne tost pas que on ne doye accomplir sa convenance. — Il loist a chascun seigneur qui a justice et seigneurie en sa terre a fere garder justement telles mesures comme l'on a usé de long temps, soit en vin, soit en grain, soit a liqueur, soit a heritaige. Et quiconques l'apetice, se il est homme de poosté, l'amende est de .LX. soulz tournois, ne croistre ne la puet il; maiz se il se fait greigneur mesure que droit et il est clere chose qu'il a vendu plus a cette mesure que acheté, on lui doit ardoir sa mesure, mais il n'en doit pas estre traiz a amende, car l'on puet appertement veoir que il ne le faisoit as par malice, ainçois y perdoit. Mais se il avoit deux mesures, l'une trop grande et l'autre petite, et il achattoit communement a la grant et vendoit ou bailloit communement a la petite, en tel cas l'amende seroit a la voulenté du seigneur.

Comme on l'a vu par les extraits donnés, la rédaction due à Rich. Cavelier a été faite pour servir à l'enseignement du droit et pour en faciliter l'étude à peu près comme la *Coutume de Normandie* mise en vers presque deux siècles auparavant par Guillaume Chapu ou les *Institutes* versifiées par Richard d'Annebaut. Il est impossible de déterminer si elle y a réellement servi, et il est également impossible de savoir si la rédaction anonyme a eu la même destination. Mais il est certainement remarquable de constater que deux personnages différents ont eu à si peu de temps d'intervalle la même idée et, si l'on observe que l'époque à laquelle ils l'ont mise à exécution coïncide à peu près avec celle du renouvellement de la *Coutume de Clermont*, on peut se demander si les rédactions abrégées ne sont pas dans quelque rapport avec la coutume nouvelle et n'ont pas servi à sa codification. Nous essayerons d'élucider cette question dans une autre étude.

(1) Corrigez *marchiés*.
(2) Sic; l'abréviateur n'a pas compris le *Ne pourquant* de son original (§ 754). Il l'a transformé en *non pourtant* et a cependant laissé *quant* devenu inutile.

www.ingramcontent.com/pod-product-compliance
Lightning Source LLC
Chambersburg PA
CBHW071423060426
42450CB00009BA/1987